AF243260

57 T.

LA PENSÉE DE PAUL BOURGET

*Il a été tiré de cet ouvrage six exemplaires sur papier de
Hollande numérotés 1 à 6.*

ÉTUDES SOCIALES ET POLITIQUES

IX

Vᵗᵉ Joseph de BONNE

LA PENSÉE

DE

PAUL BOURGET

Nouvelle
LIBRAIRIE NATIONALE
11, rue de Médicis, PARIS (VIᵉ)
1913

AVANT-PROPOS

Dans une œuvre aussi abondante et complexe que
celle de Paul Bourget, il paraît difficile au premier
abord de déterminer la ligne directrice vers laquelle viendront converger les éléments divers et
quelquefois en apparence différents dont elle est
faite. Et ce fut en effet la méthode de plusieurs de
ses commentateurs de la présenter comme une com-
position d'éléments contradictoires, comme le sché-
ma détaillé d'une conversion. Ce point de vue aurait alors l'intérêt de découvrir, en un modèle émi-
nent, toute une psychologie individuelle et de pré-
tendre simplement révéler l'effet, sur une intelligence et une sensibilité rares, des mouvements illo-
giques mais passionnants de la société contemporaine. Et suivant que l'on prend une haute jouis-
sance intellectuelle à contempler les changements
successifs d'une pensée, ou que l'on adopte, si on
ne les rejette pas, les conclusions sociales et politiques de cette œuvre, elle offrirait des satisfactions
au dilettante ou au sectaire. Or, les conditions ac-
tuelles n'étant plus guère favorables à cette forme
de dilettantisme, il y a peut-être là une explication

du fait que quelques jeunes écrivains, affichant la volonté d'une attitude étroitement littéraire, se refusent à considérer Paul Bourget comme un maître, tandis que d'autres, nombreux, épris de certitude intellectuelle, suivent ou combattent avec une énergie presque sentimentale ses idées, non sans faire trop souvent des parts distinctes dans son œuvre.

Et nulle œuvre, en effet, n'aura été plus discutée, n'aura soulevé plus de passions. Il n'est pas jusqu'à ce parti pris d'indifférence qui ne soit un signe de son intérêt pour l'historien des idées à notre époque, car il montre à quel point certaines vérités doivent appartenir au lot commun de notre génération, pour que leur laborieuse et intelligente élaboration chez un Français de la fin du dix-neuvième siècle n'offre plus d'attrait à quelques-uns. La malveillance systématique de quelques autres est plus significative encore. Bourget a été curieux de toutes les expressions de la pensée et du sentiment, il a écrit sur tous les sujets, et sa culture si vaste comme sa volonté de travail lui ont permis de dresser un monument analogue à celui d'un Balzac, avec lequel il offre d'ailleurs tant de ressemblances. Poète, critique, romancier, nouvelliste, dramaturge, il a connu tous les genres, les plus opposés, ceux dont les procédés sont presque contradictoires, un romancier pouvant être un nouvelliste inhabile, l'analyse du roman étant étrangère à la conduite du drame, le critique étant souvent impuissant à créer. Or, ces observations d'une vérité

banale, outre les clartés qu'elles jettent sur la psychologie de l'écrivain, tendent aussi pour leur part
à expliquer cette époque intellectuelle, qui cherchait
sa voie et s'informait dans tous les domaines et par
tous les procédés. Du reste, nul mieux que Bourget
n'a réalisé le double programme dont il admirait
l'exécution chez Renan : « Tenir la main à une
œuvre d'une longue suite et prêter sa pensée aux
accidents de la vie environnante (1). » Et quand
le Lovenjoul de l'avenir aura collectionné tous les
manuscrits signés de lui, peut-être y découvrira-t-
on une foule d'aperçus inédits sur les questions et
les publications les plus immédiates, dont de nombreux articles de journaux et de revues nous révè-
lent que de tout temps elles sollicitent chaque jour
son attention.

Paul Bourget restera en effet comme l'un des
esprits les plus compréhensifs de notre temps.
Génie très latin, il en a eu l'universalité : le goût
très vif des idées ne se sépare pas chez lui du culte
de leur hiérarchie. Épris d'art et de science, très
moderne par sa curiosité des découvertes les plus
récentes et des manifestations esthétiques les plus
rares, il exprime pourtant le bel humanisme, à la
façon du Vinci ou encore de Dürer, comme au
temps de cet admirable quinzième siècle italien
qu'il a aimé. Pour s'en convaincre, ayant lu les
pages les plus didactiques de ses *Essais* ou de ses
Études, il faut se laisser conduire par lui sous la

____

1. ***Essais de psychologie contemporaine.*** , Cinquième édi-
tion, p. 36.

clarté limpide du ciel de Toscane et refaire sur ses pas l'émouvant pèlerinage à la nature et à l'art ombriens.

Il mérite alors d'être étudié dans les conditions où sa pensée s'est développée, s'il y a eu développement en effet, et non pas contradiction, comme il l'a dit lui-même (1). N'est-il qu'une intelligence éminente où apparaissent des efforts contradictoires? N'a-t-il que l'avantage d'offrir dans ses dernières œuvres aux défenseurs de l'ordre des armes exclusivement sociologiques, si l'on en croit certains partisans indignés de l'art? Ces questions ne sollicitent qu'un aspect de son œuvre, et leurs réponses doivent demeurer incomplètes, peut-être inexactes. — Comment Paul Bourget est-il la conséquence d'un état d'esprit antérieur? En quoi annonce-t-il et réalise-t-il une évolution dans la pensée contemporaine? Il a trop agité les esprits pour ne pas être le signe actif, sinon le guide, de quelque mouvement considérable, et toute autre interrogation à propos de lui doit se subordonner à cet examen. Plus que n'importe lequel des écrivains qu'il a analysés selon une méthode semblable, il exige d'être situé dans le moment où il a vécu, à cause de l'importance exceptionnelle de ce moment. Par là seulement son œuvre doit s'expliquer. En même temps peut-être y découvrirons-nous une lumière définitive sur toute une transformation logique de l'esprit moderne et sur une période essentielle de notre histoire.

---

1. *Œuvres complètes. Romans. I. Préface*, p. x.

LA PENSÉE DE PAUL BOURGET

CHAPITRE PREMIER

LE MILIEU

Paul Bourget a eu ses vingt ans au lendemain de la Commune. La génération qui arrivait alors à la fois subissait la dépression douloureuse qui suit les désastres et sentait aux dures leçons de la vie la nécessité d'une réaction. Non seulement il fallait songer à la revanche de l'avenir, mais dans le pays lui-même tout un programme de renouvellement était à exécuter. La guerre avait révélé l'impuissance malfaisante de la politique, les faiblesses de l'armée. Les incendies de la Commune avaient jeté une lueur tragique sur la plus profonde question sociale. Cependant un grand vide de l'esprit et du cœur demeurait de l'illusion de ce second Empire jouisseur et charmant, où les paysans eux-mêmes auraient proclamé la douceur de vivre. Il y avait dans la secousse de ce brusque réveil quelque chose de l'hallucination désespérante du rêve interrompu. D'autre part un grand souffle patriotique allait mener le pays au seuil d'une restauration légi-

timiste, le catholicisme social s'inaugurait avec
une magnifique espérance, et les mouvements in-
conscients de la force ouvrière préparaient l'essai
futur d'une législation syndicale. Société agitée et
inquiète, étreinte par les réalités les plus dures
comme les plus imprévues, sentant la force de sa
servitude, mais éprouvant le besoin impérieux d'y
échapper.

Les événements rapides de cette époque dressaient
en même temps le bilan des espoirs et des tenta-
tives de ce malheureux et tumultueux dix-neuvième
siècle. Tous les régimes politiques avaient été es-
sayés, et, comme secouée par la fièvre de l'incons-
tance romantique, la France n'avait pu s'attacher à
aucun: une série de révolutions sanglantes avait
illustré la doctrine de 89; le libéralisme, où tant de
voix éloquentes montraient naguère la réconciliation, échouait lamentablement. Seule la science sur-
gissait plus séductrice de cette banqueroute générale, et communiquait une ivresse à ses néophytes :
c'est elle de plus en plus que l'on allait interroger.
Car tous ces échecs successifs après tant d'éclatantes
chimères créaient le découragement mais irritaient
l'instinct de conservation. La France ne savait plus
où mettre sa confiance, mais elle cherchait à se
confier.

Or, quelles directions les jeunes hommes de cette
génération recevaient-ils des maîtres de la pensée
française? Bourget analyse ces directions dans ses
Essais de psychologie contemporaine. Notons au
passage que cette rédaction date presque tout en-

tière de 1883 : à ce moment l'idée de revanche était déjà plus lointaine et la restauration monarchique paraissait définitivement compromise ; il semblait que le seul espoir fût dans un conservatisme généreux et souvent maladroit, tel que le défendait le comte de Poyanne d'*Un Cœur de femme*. Il est du reste très significatif, ce besoin d'un jeune écrivain étudiant vers la trentaine ses devanciers et ses contemporains avant de créer lui-même. Bourget s'en est expliqué : « C'est par la critique, déplorez-le ou non, que l'éducation de tout esprit commence aujourd'hui, puisque le premier enseignement reçu est celui du travail des autres. Pour la plupart d'entre nous, l'analyse de la pensée de nos prédécesseurs précède la formation de notre propre pensée, et c'est nécessairement à travers les sensations des maîtres d'autrefois que nous arrivons aux nôtres propres. Aussi la spontanéité irraisonnée qui animait, qui soutenait les premiers poètes, devient-elle chez nous une exception de plus en plus rare. *Nous avons des théories avant d'exécuter nos œuvres (1).* » Ici nous reconnaissons quel fardeau de littérature cette génération recevait du siècle et de quels éléments il était fait. Un jeune homme qui, sous l'action des événements, s'interrogeait dans les vingt premières années qui suivirent la guerre, ne pouvait, en son incertitude, éloigner la tentation de s'observer lui-même sous les analyses de son mal qu'avait prodiguées le romantisme ; et d'autre part il jouissait par avance des horizons que le dévelop-

---

1. *Essais.* II. Edition définitive, p. 107.

pement scientifique semblait lui promettre, ayant réfugié son désenchantement dans « l'avenir de la science » et mettant toute sa foi dans ses conclusions.

Et quels maîtres différents que ces écrivains du second Empire, à qui ce jeune homme demandait le sens de la vie! Des poètes, des historiens, des romanciers, des critiques d'art, parmi lesquels un Russe et un Suisse. Bourget a senti dès le début la force des influences étrangères que réclamerait la France dans son désarroi, et il en a noté la signification pour son époque. De qui ces écrivains eux-mêmes étaient-ils héritiers, sinon d'une génération magnifique et avortée, dont Vigny a marqué la grandeur et la servitude? « Sous l'influence des luttes formidables de la tragédie révolutionnaire et sous le prestige de l'étonnante épopée impériale, une génération avait grandi, toute pénétrée du concept héroïque de la vie, c'est-à-dire que les jeunes gens qui la composaient, tout naturellement s'étaient nourris de rêves démesurés et grandioses. Et comment n'auraient-ils pas cru à la toute-puissance, à la magie même de la Volonté de l'homme, eux qui avaient vu un monde nouveau sortir, jeune, resplendissant et sublime, du sépulcre des siècles défunts, une Europe s'écrouler, une autre s'élever, et un simple lieutenant d'artillerie réaliser les plus extravagantes chimères de l'ambition la plus effrénée... Puis, ce monde nouveau s'était trouvé tout de suite aussi vieux que l'autre... Voici que les deux brillants départs de la Restauration d'abord, puis de 1830, aboutissaient à l'abaissement des caractères, à la matérialité grossière des jouissances (1). » On se comprenait mieux soi-même, si l'on comprenait d'abord ce que ses professeurs de morale devaient à leurs devanciers, parmi lesquels d'ailleurs un Stendhal avait vécu en les dépassant. Il y avait donc un mal profond, pour que cette exaltation héroïque du commencement du siècle ne soit demeurée qu'une brillante illusion?

Or, que restait-il de la fête romantique, en ce lendemain de l'Année terrible? L'amour qui avait été dieu sortait disséqué, desséché des mains de Flaubert et des Goncourt. Dumas fils, le moraliste de la troupe, démontrait l'impuissance d'aimer, si l'amour est surtout un rêve, et si les cœurs d'aujourd'hui n'ont « plus la force de former ce rêve ». On n'avait point cessé d'abuser de l'observation et de l'analyse, et donc de la tristesse, car, « observer, n'est-ce pas sortir de la vie inconsciente et féconde pour entrer... dans la critique, signe certain que la poussée instinctive diminue (2) » ? Et la plupart apportaient à cette observation une sincérité de savants, puis une douleur de poètes. Comme le mot de l'Ecclésiaste paraissait vrai devant le legs formidable d'idées et de phénomènes dont nous accablent la nature et l'homme, et que ressuscitait avec leur élan intérieur la vision en apparence indifférente de Leconte de Lisle! A ceux qui s'efforçaient d'échapper à cet accablement, les Goncourt et Amiel révélaient

---

1. *Essais.* I, p. 206.
2. *Essais.* II, p. 221.

la maladie de leur volonté. Et comment agir, quand
on n'apportait à l'action qu'une sensibilité artificielle, surchargée de pensée et des imaginations les
plus éloignées de la vie? On analysait les sentiments
avec une rigueur scientifique, et il ne restait rien
si on les séparait de leurs artifices défraîchis mais
encore aimés. Etait-ce donc l'inutilité d'un effort
moderne, et peut-être humain, comme l'affirmait
l'amertume hautaine de Flaubert ou la tendresse
de Tourguénief? Bourget a pu tirer ainsi de l'œuvre de Baudelaire toute une théorie de la décadence.
Il y aurait une rançon fatale du progrès ! « D'où
vient que ce « monstre délicat » n'ait jamais plus
énergiquement bâillé sa misère que dans la littérature de notre siècle où se perfectionnent tant de
conditions de la vie, si ce n'est que ce perfectionnement même, en compliquant aussi nos âmes, nous
rend inhabiles au bonheur? (1) » Il n'y avait rien
à faire d'une vie qui nous vient de causes étrangères,
si ce n'est peut-être s'intéresser à la connaissance
de ces causes. Alors tout se ramenait à la science.
Mais cette science elle-même, en dépit des espoirs
que l'on mettait en elle par ce besoin de croire qui
est le cœur humain, surtout le cœur humain lassé,
ne révélait qu'une destinée fatale : si l'on excepte
une nécessaire mise en valeur de l'expérience, profondément elle n'était pas la libératrice attendue.
Taine et Renan en fournissaient la preuve impli-
cite. Et les frissons nouveaux cherchés au delà des
frontières retournaient à la sensibilité française con-

____

1. *Essais*. I, p. 14.

temporaine à travers les déformations spéciales de
la tristesse incurable de Tourguénief ou du mal
dont se rongeait Amiel. Il semblait que ces maîtres
divers eussent épuisé pour la génération qui regardait vers eux toutes les possibilités de leur âme
dilettante, déterministe et pessimiste. « ,A quoi
bon? » n'était-il pas la seule réponse logique qu'ils
dussent donner à la recherche d'un Bourget?

> ... Ce qui la fait frémir jusqu'aux genoux,
> C'est que demain, hélas! il faudra vivre encore!
> Demain, après-demain et toujours! — comme nous (1)

Mais Bourget avait senti trop profondément en lui-
même leur influence pour ne pas y découvrir la
trace d'un doute, d'une interrogation, d'un désir.
Sous ce nihilisme qui avait fait le tour de toutes
choses perçait une angoisse, et c'est cette angoisse
intellectuelle et sentimentale qui formait la vraie
conclusion logique de leur enquête. Si fatal que fût
l'ordre ou le désordre du monde, il ne pouvait em-
pêcher l'âme de le juger. Inconsciemment ces
hommes qui croyaient au pire destin illustraient le
mot libérateur de Pascal. Jusqu'au fond même du
raffinement de Baudelaire, il y a la poursuite égarée
d'une satisfaction insaisissable qu'il devine. C'est
le besoin de rester poète, c'est-à-dire d'atteindre une
solution de la vie, qui tourmente Leconte de Lisle
par-dessus sa préoccupation scientifique.

> Qu'est-ce que tout cela qui n'est pas éternel?...

----

1. *Les Fleurs du Mal. Le Masque.*

Ce vers des *Poèmes tragiques* que cite l'auteur des *Essais de psychologie contemporaine* traduit bien l'impatience désespérée de cette époque. Car ce n'est pas l'espoir, même douloureux, qui frémit au travers de ces poèmes, de ces romans, de ces chapitres d'histoire, c'est la nostalgie de l'espérance. Leurs âmes paraissent plus en avant sur le chemin que Rolla, qui gardait surtout des regrets : leur sèche et trop savante analyse les a conduites moins à se souvenir du secours laissé en arrière qu'à chercher sur l'horizon la lumière désirée. Illusion, car la route tourne. Oui, il y a des « sources » de mysticisme chez Dumas fils dont la virilité âpre de moraliste ne saurait s'enivrer aux musiques des paradis artificiels, comme il y a des élans de rêve d'une sorte de théosophe chez Amiel et d'un tendre chez Tourguénief. Ils peuvent se croire incapables de vouloir, mais ils désirent : même s'ils ont encore des regrets, qui sont une forme résignée du désir, tels qu'on les trouve dans l'esthétique de *Salambo* ou de *la Maison d'un artiste*. Le souci de l'au delà surgit de toute cette misère, qui met son stoïcisme à dire qu'elle se résigne et au fond ne peut accepter le monde qu'elle compose. Ses pères ont fait des rêves fous, elle voit une réalité brutale : elle devine la vanité de ces rêves, et, toute misérable qu'elle soit, elle se sent supérieure à cette brutalité. La tristesse des premiers romantiques n'était pas toujours sincère, mais chez aucun des écrivains qui ont marqué fortement le milieu du siècle, il n'y a de vraie joie, pas même dans l'affectation de détache-

ment d'un Renan. Ce serait mal comprendre l'au
teur du roman de la *Vie de Jésus* que de ne voir
en lui qu'un sceptique, qu'un dilettante ironique.
La nature même de son dilettantisme, coupable
d'impiété et déférent cependant pour les diverses
« illusions » des croyances, exprime une préoccupation religieuse constante. Peut-être même serait-
ce là l'intérêt véritable de son œuvre, qu'ont ignoré
d'autres commentateurs, trop attachés à la lettre!
Il n'est pas ainsi jusqu'à la méthode de la science,
dont viendraient de plus en plus s'enivrer les jeunes
générations, qui, dans l'histoire, n'exigeât pour son
exactitude l'émotion, la persistance d'une âme chez
l'écrivain. Puis les maîtres ne constatent-ils pas
l'impuissance intellectuelle de cette science à rui-
ner cet au delà dont ils gardent le rêve malgré
tout? Ils cherchent encore et ils ne savent même
pas. D'ailleurs le futur moraliste du *Disciple* re-
marque chez les personnages de Flaubert cet abus
de la pensée de la littérature qui les surexcite et
les ravage. Ils sont, comme sont et vont être les
jeunes hommes d'alors, les esclaves d'une pensée
étrangère à leur propre expérience, moulant à vide
des idées et des images : non une pensée libre qui
médite sur la vie, mais une pensée orgueilleuse
qui s'enferme dans son illusion. C'est pourquoi du
reste elle pourra devenir elle-même l'esclave des
puissances matérielles : l'argent ou les instincts
de la foule. Il y a déjà signalés ici tous les caractères de *l'Avenir de l'Intelligence* et aussi le ma-
laise de cette démocratie où les raisons *a priori*

ont apparu, avant même la Commune, si doulou-
reusement opposées à la nature des choses. L'inquiétude d'une divergence possible entre la démocratie et la science, qui engendrera plus tard l'idée
primordiale d'*Outre-Mer* et de *l'Etape*, elle est déjà
nettement dans le « rêve aristocratique » de Renan, dans la conscience qui conduit Taine aux
archives de la Révolution, dans la prédication de
la morale traditionnelle dont Dumas fils préface
chacune de ses pièces à thèse. Chez ces maîtres du
second Empire le besoin de la santé sociale comme
de la paix intellectuelle faisait éclater en définitive
le stoïcisme de leur attitude et la rigidité de leur
déterminisme scientifique.

Tel était l'enseignement que Paul Bourget analysait dans ses *Essais de psychologie contemporaine*
qui resteront la partie la plus remarquable de son
œuvre, parce qu'ils la commandent et l'expliquent
tout entière, en même temps qu'ils dressent le
bilan du siècle. « C'est un beau médaillier de définitions bien frappées », écrivait Charles Maurras (1).
Mais à la façon des belles médailles syracusaines,
elles transmettent la vie de leurs modèles. On
touche leur influence et ceux qu'elle va diriger.
« Sous l'impression de cette crise, nous voulions
agir... Le divorce était complet entre notre intelligence et notre sensibilité. La plupart d'entre nous,
s'ils veulent bien revenir en arrière, reconnaîtront
que l'œuvre de leur jeunesse fut de réduire une
contradiction dont quelques-uns souffrent en-

1. *Revue de Paris*, 1ᵉʳ décembre 1895.

core (1). » Oui, cet enseignement semblait aboutir « au plus entier fatalisme », mais le divorce,
dont parle Bourget, était-il si complet? Lui, du
moins, n'avait-il pas entrevu les frontières de l'impuissance moderne? Son mérite essentiel sera de
les avoir situées dans l'œuvre de ses maîtres et
du siècle.

En cela, il devançait vers 1883 sa génération et
celle dont Maurice Barrès a écrit : « Il me semble
qu'à l'âge où j'avais vingt ans, les forces anarchistes, je veux dire le génie destructeur, l'audace
de l'analyse et du nihilisme, étaient encore plus
virulentes chez mes camarades et chez moi qu'elles
ne sont chez les jeunes gens d'aujourd'hui (2). »
Besoin d'agir, et dépit douloureux de ne pas savoir.
Cette contradiction, qui poussait alors l'intelligence
aux pires audaces de l'anarchisme et du symbo-
lisme, était plus sensible dix et vingt années après
la guerre quand s'éloignait la sensation du trop
brusque réveil et qu'apparaissait d'autre part la
vanité de l'effort des devanciers immédiats. Il fallait à ces jeunes hommes un guide de leur race qui
leur révélât à eux-mêmes les raisons de leur souffrance. Barrès allait dénoncer le mal avec une
acuité extrême, mais beaucoup l'ayant suivi aux
détours les plus intimes de son « moi » n'y feraient
qu'exagérer leur propre sensibilité. (Ne serait-ce
point là d'ailleurs, joint à son charme magnifique
d'artiste et, plus tard, à des titres éminents d'écri-

---

1. *Drames de famille. L'Échéance.*
2. *La Démocratie,* 5 décembre 1910.

vain de l'ordre, le motif principal qui lui a gardé
sa séduction de « maître » auprès des jeunes générations successives? Paul Bourget n'offre, lui, cette
sorte de sympathie qu'au travers de la résistance
assez rude que dès le début il oppose à lui-même.)
Certes Barrès exprime avec une haute sincérité le
problème moral de cette époque : « Le pathétique
intense des premiers livres de M. Barrès est fait
de la justesse avec laquelle il a noté son constant
frisson devant l'avenir, celui d'un être tout jeune,
à la fois orgueilleux et faible, souverainement intel-
ligent et désespérément incertain, qui se cherche
lui-même dans un chaos d'impressions désordon-
nées (1). » Or, dès 1888, Bourget lui souhaitait de
dépasser l'analyse impuissante d'Amiel (2).

A ce milieu complexe où méditaient ses trente
ans, l'auteur des *Essais* proposait, comme conclusion provisoire, une interrogation inquiète, mais
non résignée à la domination des mots ou à la fatalité des choses. Il n'aura pas été seulement, comme
on l'a dit, l'historien découragé des servitudes
intellectuelles du moment. Déjà il pressentait dans
le doute de ses prédécesseurs et dans sa propre angoisse les conditions d'un avenir plus libre. Et il
regardait fiévreusement la vie. Car à cette époque
semblait réservé le soin de conclure, tôt ou tard,
mais définitivement dans un sens ou dans un autre.
« *Nous voulions agir* » : mais pourquoi? et com-

1. *Etudes et Portraits*. III. ● *Dialectique de M. Maurice
Barrès*, p. 187.
2. *Essais*. II. Appendice N, p. 253.

ment? Ce critique ne pouvait plus se contenter d'une attitude expectative, fût-elle passionnée. Il était un représentant, très curieux et plus perspicace, d'une transition qui s'imposait sans se préciser. Cependant Barbey d'Aurevilly avait, depuis bien des années, dit du même Baudelaire qu'il lui restait à « se brûler la cervelle ou se faire chrétien »; les déclarations du comte de Chambord, les discours sociaux de M. de Mun continuaient les écrivains qui, dès le second Empire, monnayaient la doctrine des théocrates et parlaient de décentralisation ou de corporations; Edouard Rod écrirait bientôt le *Sens de la vie*, et Huysmans venait de publier *A rebours*. Dans l'insuffisance des événements l'attente des esprits se faisait toujours plus active.

CHAPITRE II

L'EXPÉRIENCE

« Qui répondra aux redoutables questions que nous pose ainsi brusquement et à toute rencontre notre âge de doute? (1) » Cette phrase qui termine les *Essais* pourrait servir d'épigraphe à toute l'enquête de Paul Bourget. Sans doute il se sent « traditionaliste d'instinct », comme il l'a dit quelque part, et il a déjà perçu nettement « la déviation extraordinaire de notre tempérament national depuis cent années (2). » Mais, à la suite d'un Taine et d'un Flaubert, il a trop le sentiment des réalités et de la nécessité d'une méthode propre à les observer pour se contenter du désir confus de l'ordre qui agite sa génération. Certes la science ne lui paraît pas avoir résolu l'énigme de la vie, mais du moins a-t-elle établi l'importance du fait, et, comme preuve, désigné l'artifice du concept révolutionnaire et du songe romantique. Il veut, lui aussi, « collaborer à cet immense labeur scientifique »

------

1. *Essais.* II, p. 297.
2. *Essais.* I, p. 16.

de son époque (1), et s'il a étudié particulièrement le grec, il a par ailleurs fréquenté la Faculté et les cliniques. Dès lors il considère Trousseau et Claude Bernard comme des maîtres, au point qu'un jour le profeseur Grasset pourra écrire tout un livre sur *l'Idée médicale dans les romans de Paul Bourget.* Le troisième de ces romans sera soumis à Taine comme « une planche d'anatomie morale », et l'*Envers du décor* qui porte le millésime 1911 offre encore une dédicace à un médecin. La science lui apparaît alors telle qu'il la définira plus tard : « Elle n'est pas une conception *rationnelle* de la vie, elle en est une conception *expérimentale* (2). » Et c'est bien une méthode expérimentale qu'il mettra au service de sa passion de l'analyse et de l'observation.

Les deux lui ont été plus ou moins directement léguées : à lui de conduire sa recherche. Sans doute il y a dans cette soumission trop médicale à l'objet une exagération naturaliste, mais il faut songer à la méfiance de cette époque pour tant de rêveries avortées ou néfastes; sans doute pourra-t-on relever l'abus de notations physiologiques, et ce souci extrême du détail, s'il nous mentionne par exemple les rumeurs du quartier du jardin des Plantes : « un ara qui crie, un éléphant qui barrit, un aigle qui trompette, un tigre qui miaule (3). » Mais cette

---

1. Dans la préface citée, Bourget a bien précisé ce que fut cette volonté, p. VI.

2. *Études.* III. *Le réalisme de Bonald*, p. 27.

3. *Le Disciple.* Ed. Lemerre, p. 3.

volonté de discipline, ce goût de la précision tech-
nique furent alors un bienfait, et si quelques géné-
ralisations ont pu être atteintes dans la suite par
cette apparence excessive d'assimilation avec les
sciences de la vie physique, nous verrons que sa
méthode essentielle n'en a pas été vraiment cor-
rompue et qu'elle y a pris peut-être un réalisme
plus énergique dans l'anxiété intellectuelle am-
biante. Du reste il devait un jour caractériser à
merveille cette méthode — et par là sa propre évolution philosophique — dans une préface, justement, aux *Limites de la Biologie* du même profes-
seur Grasset. Non seulement la science ne peut pas
tout connaître, mais à chaque science convient une
méthode *particulière* (1). Et ceci est primordial.
Bourget avait pressenti cette théorie à propos de
Renan. Dès maintenant nous pouvons comprendre
qu'il a surtout souligné dans son œuvre les compa-
raisons et les analogies existant entre les sciences
naturelles et les sciences morales et · sociales.
« J'ajouterai, écrira-t-il, persuadé de l'unité du plan
du monde, que (leurs) certitudes sont analogues (2). » C'est la légitime et suprême attitude
de la raison humaine, cette force orientée vers
l'unité, selon un mot de saint Augustin. Avec le
goût de la durée que marque son traditionalisme
« instinctif », Bourget accuse bien ici sa double

---

1. Voir *De la vraie méthode scientifique* (1905). *Etudes*, III.

2. *Pages de Critique et de Doctrine*. II. *Coup d'œil sur
l'histoire de France*, p. 16.

hérédité latine et chrétienne. D'autre part, dès les origines de son enquête, il a célébré l'histoire qu'il nommait après Carlyle « une chose vivante, ineffable et divine... » Cette histoire, il l'a aimée à travers *les Origines de la France contemporaine;* mais comme il en a mieux encore précisé la noble indépendance dans les pages consacrées au pur historien qu'était Fustel de Coulanges (1)! Et n'a-t-il pas fait sienne cette définition du roman par les Goncourt « de l'histoire qui aurait pu être »?

Il est normal que la première expérience de Bourget ait été menée presque inconsciemment sur lui-même, dans ses vers, qui sont ses œuvres de début. Cette époque était trop proche du romantisme et trop avide, malgré elle, d'un renouveau idéaliste pour qu'elle ne traduisît pas son inquiétude sous une forme lyrique. Ces vers, un peu négligés par les admirateurs d'une œuvre considérable, nous transmettent, non sans un charme émouvant, le trouble d'une âme contemporaine à un moment qui nous importe au delà de tout. Les recueils vont de 1872 à 1882 : le premier porte un épigraphe de Heine, le second s'achève sur

Ce cri d'un cœur resté chrétien : *Confiteor!*

La forme classique de ces poèmes n'annonce

1. *Pages de Critique et de Doctrine. II. Les théories de Fustel de Coulanges.* — A propos de Taine et de Sorel qui ont toujours gardé le regret de n'avoir point fait du roman: « Le roman n'est que de la petite histoire probable. L'histoire, c'est du grand roman vrai et porté sans cesse à sa suprême puissance. » *Ibid. I. Un dramaturge et un historien,* p. 178.

guère les outrances des décadents, ni d'autre part
les exagérations didactiques dues au prestige de la
science, mais on y ressent toujours le besoin de
s'examiner jusqu'à la souffrance. Il y a là les résultats de multiples expériences sentimentales et sen-
suelles qui caractériseront tant de personnages de
Bourget. Et quels titres significatifs les groupent :
La Vie inquiète, Dilettantisme, Spleen! Détresse de
l'amour, et ce *Désespoir en Dieu*, dont il serait
curieux de comparer l'attente avec le regret de Musset dans *L'Espoir en Dieu.*

> Il écoute le bruit du combat qui l'attire
> Et ne sait à quel Dieu dévouer tout son sang :

Ces deux vers désignent bien cette génération, et
la *Nostalgie de la Croix* subsiste ici avec une nuance
essentielle chez des hommes « guéris de la foi ».
Oui, ceux-là

> S'épuisent à créer le moderne Idéal (1).

Et cet idéal, nous le sentons frémir dans presque
chacun des poèmes. Voici l'amour : c'est l'attrait
suprême de *la beauté qui doit finir*, — Barrès dira
« le chant d'une beauté qui s'en va vers la mort »,
— mais c'est aussi

> La soif de rencontrer enfin dans la maîtresse
> Une âme qu'elle adore à jamais, sans retour (2).

L'âme, la pensée, la tendresse, quels vers ne les

---

1. *La Vie inquiète. A Leconte de Lisle.*
2. *Les Aveux. Débauche.*

recherchent, ne les exaltent! *Nihilisme* peut-être,
mais malgré lui désir de la simplicité de la vie (1),
la prière du fils *Mortuæ*, ou l'interrogation *En lisant
l'Évangile*. Et surtout l'admirable *Edel*, ce « jour-
nal d'un artiste », comme Bourget l'a si justement
appelé. Il vaut pour l'analyse de l'âme et davantage
pour la noblesse de l'inspiration. Ne pas l'avoir
lu, c'est risquer de mal situer dans la pensée et
dans l'histoire la préface du *Disciple* et la « confession » de Robert Greslou. On y retrouve bien
des influences subies par Bourget, de Stendhal à
Byron et à Musset; et l'on y devine des compagnons
qu'aima son âme complexe : la magnificence de
Barbey d'Aurevilly, l'étrangeté de Richepin, la tendresse de Coppée (2). Enfin voici la foi, dispersée
dans ces recueils, que confesse au seuil de la tren-
tième année l'*Epilogue*. Le moment est venu où il
interrogera ses maîtres, puis directement la vie.

Taine lui avait enseigné à se séparer « de la psychologie classique, telle que les Ecossais et Jouffroy
l'avaient définie, en abandonnant la méthode de la
réflexion personnelle et solitaire pour lui substituer
celle de l'enquête universelle et de l'expérience mul-
tipliée (3). » Sur ses contemporains, après ses prédécesseurs, allait porter l'observation méthodique
de Bourget. N'avait-il pas du reste ce goût « de sentir sentir », qui caractérise Claude Larcher, son per-
sonnage préféré? Ce psychologue est ainsi devenu

1. *Les Aveux. Récolte.*
2. Ed. Lemerre. Seconde partie, p. 63.
3. *Essais.* I, p. 219.

un véritable historien des mœurs : que comprendre
à l'individu si l'on ne connaît pas la société où il
vit? Toute sa doctrine est en germe dans cette idée.
De fait il a peint ses contemporains par larges
fresques (quelquefois, il est vrai, avec des traits
trop noirs), les définissant même par groupes :
*Mensonges, Recommencements, Voyageuses, Com-
plications sentimentales.* Il y a dans son œuvre,
comme dans celle de Balzac, toute une société vivante dont l'histoire se continue et dont les noms
se répètent jusqu'aux derniers livres. On a repro-
ché à Bourget d'avoir limité son observation à un
monde oisif et aristocratique. Or, il a été, dans
maintes nouvelles, et de René Vincy (1) ou de
Robert Greslou aux Monneron, l'un des plus sûrs
connaisseurs des réserves profondes et du trouble
de la bourgeoisie française. Il a montré cette bourgeoisie en contact précisément avec une société élé-
gante et factice : analyser ce contact et les éléments
complexes de cette société, c'était avoir compris
la mêlée sociale de son époque et ses réactions. De
plus, comme il l'a fait remarquer lui-même, quel
meilleur terrain d'analyse que « la classe où les
gens peuvent le plus penser à leurs sentiments (2) »?
Quant à l'exactitude d'ensemble de la peinture,
nous la vérifions aux reflets qu'elle garde des idées
et des sentiments observés chez tant d'écrivains du

---

1. *Mensonges.*

2. Cité par Victor Giraud dans son étude très documen
tée : *Esquisses contemporaines. M. Paul Bourget. — Revue
des Deux-Mondes,* 15 février et 1er mars 1911.

second Empire et manifestés par la littérature lyrique du moment. La réalité d'ailleurs s'est chargée
plusieurs fois elle-même de cette vérification (1).
Sans doute, la société des environs de 1890 est
morte, comme est morte celle de Rubempré et de
Rastignac : l'affirmer d'après leurs portraits est un
haut témoignage que l'on rend à ceux-ci. Car si
dans chacune d'elles nous retrouvons l'homme im-
muable, elles nous intéressent encore pour leur
situation définie dans l'histoire des mœurs. Bourget a depuis formulé l'idéal si bien réalisé par lui :
« Créer des êtres vivants qui soient d'aujourd'hui
et de tous les temps, qui soient vrais de la vérité
coudoyée, momentanée, actuelle, et de cette autre
vérité, la secrète, l'éternelle, la simple vérité humaine (2). » Du reste nous enregistrons moins ici
la disparition de certaines mœurs que leur transformation de 1880 à 1910.

L'intérêt particulier de la moindre nouvelle dans
cette œuvre est de traduire une crise. L'expérience
menée sur les autres hommes y apparaît tragique.
Et cela n'est pas seulement un procédé littéraire
que Bourget a recommandé comme nécessaire à
l'action, et qui lui permettra de passer si naturellement du roman au théâtre, c'est aussi un accord
significatif avec l'objet tourmenté de cette expérience. Comment révéler l'âme contemporaine hors

1. Pour *Le Disciple*, *L'Étape*, *La dame qui a perdu son
peintre* (cf. Avertissement). — Notons encore une vérification partielle du type de la femme chez Bourget par le roman féminin.

2. *Un dramaturge et un historien.* *Op. cit.*, p. 163.

des crises qu'elle-même suscite? Ainsi les personnages seront mus surtout par leur mouvement propre, au point qu'on a pu justement parler ici de
drame racinien (1). Qualifier sommairement ces
premiers romans de naturalistes dénote une incom-
préhension véritable de leur sens profond. Bien plutôt pourrait-on considérer comme un précurseur de
l'interpsychologie l'auteur de cette incomparable
« Confession d'un jeune homme d'aujourd'hui »,
dont les cent premières pages ajoutent un chapitre
définitif à l'histoire de la sensibilité au dix-neuvième siècle après *René*, la *Confession d'un Enfant
du siècle*, *Madame Bovary*. Une expérience toute
cérébrale de séduction y est ridiculisée affreusement
par la vie. Certes quelque fatalité pèse encore sur
bien des héros de Bourget, mais nous les sentons
en lutte avec le destin. C'est la dualité de l'amour :
Cruelle Énigme, *Un Cœur de femme*. L'exquise
Mme de Tillières qui a trahi contre sa volonté le
comte de Poyanne, ne peut se résigner à le voir
souffrir par elle. C'est la passion dominatrice des
complexités intellectuelles : Claude Larcher (2),
« perdu de vices et affamé d'idéal », qui, semblable
au pécheur de l'Écriture, retourne sans cesse à la
servitude avilissante de la femme, et soupire vers
la simplicité de la foi; le héros du *Fantôme*, qui,
mené par le destin d'un ancien amour, jouit encore
de cet ancien amour, et rêve de la tendresse des

1. Tancrède de Visan. *Paul Bourget, sociologue* (éditions
de la *Revue catholique et royaliste*).

2. *Mensonges, Physiologie de l'amour moderne.*

cœurs simples; le romancier Dorsenne (1), très honnête homme, avide de croire, et impuissant à sacri-
fier à une certitude de bonheur son indépendance
de passant intellectuel. Ces hommes peuvent obéir
à leurs passions, mais sans les déclarer, comme le
romantisme, fatales et magnifiques : le criminel
par amour d'*André Cornélis*, le plus fataliste peut-
être de ces romans, ne songe guère à s'exalter, et
même ces jeunes filles inquiètes : Charlotte de Jussat, la contessina, Julie Monneron (2), périssent
moins de leurs chimères que de leur âme désorien-
tée. Ils sont tous à cet instant où éprouvant la vanité de leur attitude d'intellectuels ou de dilettantes, ils subissent encore, en dépit des élans incer-
tains de leur âme aveuglée, la domination d'une
sensibilité abandonnée à elle-même. Ainsi ne faut-il
pas voir dans les aphorismes de cette curieuse
Physiologie de l'amour moderne, héritière d'*Adol-
phe*, de Stendhal et des Goncourt, les définitions
d'un parti pris naturaliste, mais des constatations :
« La sincérité est, elle aussi, une vertu puissante
d'un livre (3). » Elle nous permet ici de marquer
une étape nouvelle de l'amour. Ce n'est plus seulement la lutte cruelle des sexes que notait Dumas
fils : il semble que l'amour se soit encore desséché
sous les artifices de la pensée et du luxe. « Les
temps ne sont pas bien lointains, écrivait Bourget
en 1883, où *l'Ami des femmes* sera donné comme un

---

1. *Cosmopolis.*
2. *Le Disciple, Cosmopolis, L'Étape.*
3. *Préface de la Physiologie.*

drame optimiste (1). » Le doute du « disciple », en 1889, sur la vérité de son amoralisme, accentue à la fois cette évolution et l'effort pour y échapper. Il forme un centre dans l'époque... Mais alors l'accablement de ces êtres par le destin est-il peut-être fait surtout de leur méconnaissance de la société qu'ils trahissent? Car l'expérience nous les montre châtiés pour s'être opposés à ses lois essentielles. Et n'y a-t-il pas des lois essentielles? Tristes héros de l'adultère, ceux de *Terre promise*, d'*Une Idylle tragique*, de *l'Émigré!* Victimes de la pensée étrangère à une vie morale et sociale : il faudrait les citer presque tous! Ici une clarté est projetée sur cette contradiction dont a souffert tout le siècle et plus particulièrement cette époque. Le malheur des âmes venait-il du désordre de la société, qu'elles avaient encore le pouvoir d'accroître, restant sans idéal défini? Trop d'interrogations déjà éclatantes étaient éparses dans ses premiers romans, pour que Paul Bourget désormais ne les rassemblât pas en doctrine s'il continuait à observer la transformation de ses contemporains.

Mais en même temps qu'il conduisait ces expériences primordiales, Bourget s'informait des civilisations étrangères. Il obéissait en cela au besoin scientifiques de contrôler son enquête par les données différentes que lui fourniraient les terres les plus anciennes ou les peuples les plus jeunes. Sa naturelle curiosité caractérisait bien d'ailleurs ce temps lassé dont Des Esseintes avait formulé le goût

____
1. *Essais.* II, p. 51.

pour les choses les plus étranges, et qui s'enthou-
siasmait de Tolstoï, d'exotisme japonais ou de Wa-
gner. Déjà les Goncourt n'avaient-ils pas créé la littérature du bibelot et de la collection? La théorie
des nationalités portait maintenant toutes ses conséquences que n'avait pas prévues ce Napoléon III
rêveur, formé lui-même dans un milieu cosmopolite. Ces nationalités et ce cosmopolitisme étaient
un fait : Bourget voulut l'étudier. « Tout ce que
je sais, a-t-il dit, tout ce que je vaux, tout ce que
je suis, je le dois aux voyages (1). » Sans doute,
Jules Lemaître a pu l'appeler le « psychologue er-
rant » (2), mais, quelques illusions que cet enquê-
teur mondial ait reconnues lui-même à cette psychologie, elle lui a servi néanmoins à préciser quelques points de sa doctrine et à renforcer son
traditionalisme français. « Il était parti cosmopolite:
Il est revenu nationaliste (3). » Formule exacte
quand on ne lui donne pas un sens absolu, car déjà
à propos de Stendhal Bourget avait jugé sévèrement
le cosmopolitisme (4). Il devait l'étudier encore chez
des écrivains étrangers, tandis qu'il le pratiquait au
bord des lacs Anglais ou à Oxford. Et songeant
peut-être à *Cosmopolis*, ayant révélé la misère de la
philosophie d'un Adrien Sixte, il s'acheminait, à la
fin de 1890, vers l'Italie.

---

1. Cité par Georges Grappe. *Paul Bourget* (collection
Les Célébrités d'aujourd'hui, Sansot, 1901), p. 13.

2. *Les Contemporains.* Quatrième série.

3. Grappe, p. 99.

4. *Essais.* I, p. 305.

Parvenu à Reggio de Calabre, Bourget affirme : « Plus j'ai voyagé, plus j'ai acquis l'évidence que, de peuple à peuple, la civilisation n'a pas modifié les différences radicales où réside la race... La race en est, au contraire, plus difficile à pénétrer, l'identité des formes extérieures de la société nous cachant les oppositions du fond (1). » Plusieurs fois il éprouvera « ce terrible esprit de démocratie cosmopolite »; et plus tard, à propos de la décentralisation en France, il rappellera la « loi de bienfaisance de la vie locale », qui lui était apparue « aussi claire que le ciel d'azur éployé sur les remparts » des petites cités italiennes (2). Puis, achevant son pèlerinage, il proclame : « Ce n'est pas sans raison que les Pères de l'Église, qui restent les princes des psychologues et des moralistes, malgré le fatras microscopique de notre science actuelle, ont comparé la vie humaine à un voyage (3). » Dans toute l'Italie, comme sur la plage de Crotone ruinée, Bourget retrouvait l'éternelle protestation de l'idéal humain. Sous le toit de Leopardi, il avait senti l'amour plus fort que la mort. Et dans Pérouse il louait les Ombriens d'avoir de l'âme. Pour saisir quel pouvoir il accorde au sentiment de l'art dans son œuvre et dans la vie, il faut découvrir avec lui, dans le crépuscule de telle cathédrale de Toscane, cette Assomption du Vecchietta révélant peu à peu sous la flamme d'un cierge sa sérénité

1. *Sensations d'Italie,* xxvi, p. 330.
2. *Études.* III. *Décentralisation,* p. 175.
3. *Sensations d'Italie,* xxvi, p. 339.

mystique. Il a admiré les « savantes anatomies » de Signorelli, mais il leur préfère le suave Angelico. L'inspiration spiritualiste de la visite à Assise résumerait ce paisible et délicieux pèlerinage à travers une terre de beauté.

Quelle vision différente que cette Amérique dont la jeunesse et le colossal développement attiraient Bourget trois années plus tard ! Les conclusions qu'il rapporterait de son enquête industrielle et sociale en seraient d'autant plus intéressantes. Certes on sent d'abord à quelque hésitation de ces savantes monographies l'absence de l'emprise d'une terre classique. Il y a dans la dédicace d'*Outre-Mer* un reste de la vénération fataliste et inquiète de l'époque pour la démocratie et la science, « ces deux grandes ouvrières de nos destinées futures ». « Je me souviens trop bien, a écrit depuis l'auteur de *l'Étape*, d'avoir moi-même subi la suggestion de ce que je crois aujourd'hui un préjugé (1). » Cependant tout au long de ces chapitres consciencieux sur le monde des ouvriers, les *cowboys*, les plaisirs américains, il y aurait à glaner, à côté de quelques illusions, de nombreuses certitudes sociales. Surtout ils permettent d'établir une progression significative vers les résultats heureux du retour. Ici, c'est telle illusion de concilier, à la suite de Mgr Ireland, la démocratie et le catholicisme, ou tel abus de l'idée de race; mais là, c'est la nostalgie d'une terre d'histoire, ou la critique du suffrage universel. A propos des fermiers de

---

1. *Études:* III *Le mirage démocratique*, p. 155.

l'Ouest, il dira de la terre qu'elle enseigne « la grande vertu...: *s'accepter* ». Et plus loin cette phrase qui certes dépasse Taine : « Le simple étonnement de la pensée la plus incertaine devant le mystère du sort, quel miracle ! (1) » Du reste la préoccupation de l'idéal, moins nette qu'en Italie, hante ici pourtant bien des pages. Or, tout se ramène aux justes conclusions « en souvenir » desquelles Maurras dédiait à Paul Bourget ses *Trois idées politiques*. « Nous devrions chercher ce qui reste de la vieille France et nous y rattacher par toutes nos fibres, retrouver la province d'unité naturelle et héréditaire sous le département artificiel et morcelé, l'autonomie municipale sous la centralisation administrative, les universités locales et fécondes sous notre Université officielle et morte, reconstituer la famille terrienne par la liberté de tester, protéger le travail par le rétablissement des corporations... C'est pour avoir établi un régime où l'État centralise en lui toutes les forces du pays, et pour avoir violemment coupé toute attache historique entre notre passé et notre présent, que notre Révolution a si profondément tari les sources de la vitalité française (2). » Telle est la leçon, d'abord inattendue, de cette complexe démocratie américaine, qui ressemble à « une féodalité », et où Bourget, par instants, retrouvait sous des formes différentes quelques caractères de *Cosmopolis*.

----

1. *Outre-Mer.* II, vii, p. 8.
2. *Ibid.* xii, p. 320.

Elle nous apprendrait encore l'exacte situation de la science : ni toute-puissance, ni banqueroute.

Maintenant l'enseignement définitif de Bourget lui-même ne tendait-il pas à se dégager de l'immense recherche? Elle s'était promenée un peu partout, des horizons de Tanger ou de la Syrie aux complexités psychologiques de ses contemporains immédiats : témoin la perspicace étude sur Jules Vallés. L'incessante anarchie de la troisième République, d'où devait sortir l'Action française, lui fournirait les preuves supplémentaires.

CHAPITRE III

SOURCES D'IDÉALISME

De ces expériences multiples que Paul Bourget menait à travers la vie et jusque chez les peuples étrangers, il ressortait en premier lieu que la « coupable curiosité de l'expérience sentimentale » de ses héros devait renoncer à résumer cette vie en « formules d'algèbre morale » On voyait sourdre de toutes parts l'idéalisme. Non point l'idéalisme germanique, désolé et stérile, qu'avaient subi Amiel, Bourget lui-même et la génération de Barrès, mais l'élan quasi-spirituel qui échappait au pessimisme d'une science déterministe. Ne devons-nous pas regarder « la vie telle qu'elle est, avec les leçons profondes d'expiation secrète qui s'y trouvent partout empreintes » ? (1) Et lui demander, comme le romantisme, de « suffire à une exaltation continue, c'est méconnaître la loi même de notre sort (2) » Ainsi la femme, d'une faiblesse si noble dans l'acception chrétienne et chevaleresque, fût-

---

1. Préface de la *Physiologie*, in *Œuvres complètes. Romans*, II, p. 310.

2. *Essais*, II. Appendice P, p. 310.

elle avilie sous les définitions physiologiques, pour avoir été placée par les lyriques, elle, l' « enfant malade et douze fois impure », hors de la réalité vivante. Bourget nous introduit au sein de cette réalité, et sa morale n'a plus le ton de celle de Dumas fils, à qui l'on a pu reprocher assez justement ses thèses systématiques, plus intéressantes peut-être comme symptôme que comme procédé.

Nous avons noté que la méthode elle-même impliquait ici une émotion, révélatrice de l'âme humaine, l'art littéraire n'étant pas uniquement, « comme l'ont cru beaucoup de bons esprits, vers le milieu du siècle dernier, une illustration de la science! Il est cela, et il est autre chose, de même que la Peinture et la Sculpture sont bien une mise en œuvre de l'Anatomie. Elles ne sont pas que cela (1). » Souvenons-nous des étapes ferventes du voyage en Ombrie. Nous devons retenir cette belle définition : « Le génie de l'artiste est comme toutes les grandes choses du monde un acte de foi et d'amour (2). » L'action des romans nous est apparue du reste menée par les volte-face du sentiment, et développant une vie intérieure intense dans le cadre rigoureux de la vision extérieure. Il n'est pas jusqu'au fatalisme qui profondément n'y ait déterminé une explication idéaliste : « Nous sommes les maîtres de notre premier acte, nous sommes les esclaves du second. » Cette « jus-

---

1. Dédicace de *L'Envers du Décor*.
2. *Essais*. II. Appendice P, p. 311.

tice » (1) qui nous châtie par la logique de nos propres désirs évoque la pensée de Joseph de Maistre.

Chaque cas particulier a sa répercussion. N'y a-t-il pas surtout un idéalisme dans ces retours psychologiques signalés constamment par Bourget ? Parcourons *Drames de famille*, regardons agir semblablement une vraie mère dans *le Fils*, un père coupable dans *l'Enlèvement* (2). Quant à l'amour, que de fois cet amant moderne, « soupirant après la tendresse et rencontrant la rancune (3) », change pourtant son impuissance d'aimer en une tendresse triste qui connaît les limites du cœur humain et n'a pas la misère d'Emma Bovary. Ces âmes peuvent encore se dessécher dans une société artificielle mais presque toutes secouent le nihilisme sentimental. Quelques-unes ont atteint à travers la souffrance la paix du cœur dans le sacrifice : « Je vous aime aujourd'hui avec une tendresse si désintéressée, si purifiée par le martyre de ces derniers jours, que je trouverai en moi de quoi accepter de loin cette idée avec cette sorte de paix dont parle le saint livre... Soyez heureuse, même hors de moi, même sans moi... (4) ». C'est le sublime du renoncement, sans dilettantisme tolstoïen. Il faut lire et relire cette lettre d'Henry de Poyanne, pour se rendre compte du rôle joué par Bourget vers 1890, quand Zola exagérait sa manière, et qu'Ibsen pé-

1. *Un Cœur de femme.* Fd. Lemerre, p. 163. — *L'Émigré*, p. 313.
2. *Les Détours du cœur.*
3. *Physiologie*, p. 447.
4. *Un Cœur de femme*, XI.

nétrait chez nous, en avant-garde de Nietzsche.
Une pareille idéalisation de l'amour se retrouve aux
premiers chapitres du *Fantôme*. Et dans *Un Scrupule* nous notons la différence entre une délicatesse
vraie de sentiment et l'exaltation romantique de la
courtisane. Le dur analyste de Mme Moraines a su
faire palpiter des « cœurs d'enfant », et le peintre
de quelques âmes équivoques a défini magnifiquement l'honneur dans *l'Ancêtre*, chez le comte
André de Jussat, dans l'*Émigré*. Que d'autres personnages d'une noblesse complète mais toujours humaine! Ses femmes les plus désolées ne donnent
pas cette impression d'inutile effort que donnent
celles de Maupassant, et les purs visages de Ga-
brielle Darras, de Mme Olier font songer à la femme
forte de l'Écriture. Du reste peut-être rencontrons-
nous dans cette œuvre plus de vertus de jeunes filles que de femmes. Bourget paraît avoir pressenti
dès le début une renaissance chez la femme française, en dépit des jeunes filles américanisées et des
demi-vierges qu'une littérature trouble allait prome-
ner dans Paris. Il n'y a pas chez lui, comme on l'a
trop dit, que des épouses adultères et fatales. Il y
a des mères, et aussi des Antigone. Henriette Scilly,
Reine Le Prieux, Eveline (1), Brigitte Ferrand,
Monique, toutes réchauffent en ceux qui les aiment
« le sentiment de la vie simple et vraie ». Et quels
types de grandeur morale que M. de Montfanon (2),
« un Saint », le marquis de Claviers-Grandchamp!

---

1. *Terre promise, Le Luxe des autres, Le Fantôme.*
2. *Cosmopolis.*

Bourget avait donc constaté qu'il y a un élément libre de l'âme, et que la présence de cet élément expliquait le besoin que toute vie humaine et cet âge en particulier portaient en eux. Dans le discours, essentiel à connaître, qu'il prononçait en 1895, pour sa réception à l'Académie française, il disait : « J'ai été discipliné par la vérité à mon insu, et j'y ai été ramené sans même m'en apercevoir. » Cette citation de Maxime du Camp, à qui il succédait, le définissait en partie. Mais il y eut chez lui une conscience plus nette de la vérité. Dès l'origine il a été moraliste. Il louait chez Dumas fils ce titre, associé à celui de psychologue : « Il s'agit de la vie, vous dis-je, de cet instant qui s'en va et qui ne reviendra pas, de cette action qui, une fois accomplie, sera littéralement ineffaçable, et non pas de contemplation et de dilettantisme (1). » Il y est revenu dans la préface de la *Physiologie* pour justifier précisément le réalisme fécond de ses expériences. Quoique observateur résolument impartial, ou à cause de cela même, il a dû porter un jugement, et il l'a porté avec une passion grandissante. Sans doute a-t-il écrit à propos de *la Barricade* : « La sociologie est une science, et en science je ne connais pas d'idées généreuses. » Mais ce scrupule, légitime en un sens, de réaliste, soutient dans toute son œuvre un effort moralisateur qui a toujours nié la fatalité non modifiable des choses. Nul mieux que lui n'a précisé la question de la responsabilité, non seulement dans la vie morale

_____

1. *Essais.* II, p. 11.

de la famille (1), mais, particulièrement dans la mission de l'écrivain. Il envisage d'abord l'acception étroite du droit de peindre vivement (2) : et il aurait pu montrer que, si quelque réserve s'impose, *Manon Lescaut* est moins dangereuse cependant pour telle jeune fille que *le Roman d'un jeune homme pauvre*, et qu'un manuel de théologie morale ou un traité de névrose n'omettent pas les définitions nécessaires. Surtout il s'est attaché au rôle d'un manieur d'idées tel que le philosophe Adrien Sixte. Cette préoccupation domine son œuvre depuis le jour où il étudiait ses prédécesseurs. « Qu'auras-tu recueilli dans nos ouvrages? Pensant à cela, il n'est pas d'honnête homme de lettres, si chétif soit-il, qui ne doive trembler de responsabilité... (3) »

« Ce n'est pas assez de savoir mourir. *Es-tu décidé à savoir vivre?...* Exalte et cultive en toi ces deux grandes vertus...: l'Amour et la Volonté. — La Science d'aujourd'hui, la sincère, la modeste, reconnaît qu'aux termes de son analyse s'étend le domaine de l'Inconnaissable... Et puisque tu sais, puisque tu éprouves qu'une âme est en toi, travaille à ce que cette âme ne meure pas en toi avant toi-même (4). » Bourget a cru l'homme libre, mais aussi que la vraie liberté, selon l'explication de saint Thomas qu'il retrouvait chez Bonald, consis-

---

1. Par exemple dans *Terre promise, Le Fantôme, Un Divorce.*
2. Préface de la *Physiologie.*
3. *A un jeune homme.* Préface du *Disciple.*
4. *Ibid.*

tait « à se conformer » pour « s'améliorer (1) ». Ce n'est plus la discipline stoïque de Taine, mais le moyen de devenir meilleur. Non qu'il ait trouvé l'homme naturellement bon : tous ses premiers livres prouvent le contraire, mais il l'a reconnu susceptible essentiellement d'une morale. Et dès cette époque il analyse les réservés de la France. « Ah! *la brave classe moyenne,* la solide et vaillante Bourgeoisie que possède encore la France (2) ! » Dès lors, de toute la nature humaine, telle que la révèle l'expérience, il avait saisi cette correspondance parfaite avec le christianisme, qui fait le fond de la pensée de Pascal. Et lui-même a pu écrire : « L'avant-dernier chapitre d'*Un Crime d'amour,* l'épilogue de *Mensonges,* vingt passages de la *Physiologie,* les dernières pages du *Disciple,* celles sur la confession et le péché dans *Cruelle Énigme* se raccordaient déjà entièrement à ce que j'ai appelé depuis l'apologétique expérimentale (3). » Mais plus que le *Médecin de campagne* qui montrait surtout dans le catholicisme « un système complet de répression des tendances dépravées de l'homme », les romans de Bourget atteignent la religion par l'intérieur. Le moraliste condamne les jeunes hommes de son temps pour qui la vie religieuse de l'humanité n'est qu' « un prétexte à sensations nouvelles », notant dans cette conception même les désirs précurseurs de pratiques spirites

---

1. *Discours de réception* (Voir *Essais.* II, Appendice P).
2. Préface du *Disciple.*
3. *Œuvres complètes. Romans.* I. Préface, p. x.

ou de vague néo-christianisme. L'impossibilité du nihilisme sentimental chez les plus dilettantes maintient du moins une clarté sur l'horizon de la croyance. Or le nihilisme métaphysique n'a plus une valeur intellectuelle. La foi et la science ne sont pas sur le même plan... (1) Sans doute cette position pourrait être dangereuse, et il faut d'abord admettre que l'Inconnaissable puisse être atteint directement par la raison. Mais elle affirme Bourget dégagé de toute entrave pessimiste et regardant un univers qui n'est plus le cosmos glacé de Spinoza. « L'origine psychologique de la foi est là : dans ce sentiment que ce monde, comme nous-mêmes, est incomplet, quoique tout marqué de touches sublimes (2). » Ainsi l'observateur de tant de cœurs inquiets et de lui-même concluait-il que seule la foi catholique donne « une interprétation ample et profonde aux choses de l'Ame (3). » Car seule elle renferme les conditions des sentiments qu'elle exalte. La volonté s'y appuie, et la pensée s'y soumet qui n'est plus serve d'elle-même et stérile. Bourget relevait déjà chez un Guizot protestant quel pouvoir de décision communique la certitude. Certes, dans la foi il est un don particulier dont nul ne peut marquer l'heure. Mais la parole célèbre demeure vraie, où se traduit l'effort d'une vo-

---

1. *Études.* III. *M. Pierre Loti en Terre Sainte*, p. 366.
— *De la vraie méthode scientifique*, p. 19.
2. *Ibid. M. Charles de Pomairols*, p. 343.
3. Note 22 *in Amori et dolori sacrum de* Maurice Barrès, p. 309.

lonté, et d'ailleurs de tant d'âmes modernes :
« Tu ne me chercherais pas si tu ne m'avais pas
trouvé!... » Bourget a redit souvent cette phrase,
et cette autre : que « seul le péché de l'Esprit ne
sera point pardonné ».

Le mot conversion ne peut donc s'appliquer à
une œuvre qui, dès les premières pages, tend à
spiritualiser le sentiment et cherche la foi si elle
ne la justifie déjà en partie. Bourget a subi, plus
que Brunetière, l'attirance des vertus intérieures
du catholicisme, en même temps que celle de ses
vertus sociales. « Es-tu décidé à savoir vivre? »
C'est une réponse idéaliste à ceux qui voulaient une
raison suprême d'agir. Les derniers livres expriment
cette réponse avec une vigueur définitive : crise de
la foi dans *Un Divorce*, dilemme du sentiment pa-
ternel et de la conception jacobine du devoir chez
le Tribun. Jean Monneron n'a-t-il pas reconnu la
« force de lumière et de certitude invincible »?

« De l'Idéal, plus d'Idéal que nous », c'est le
souhait de Bourget à un jeune homme. Il donne
alors son plus noble sens à ce mot équivoque. Dans
cette fin de siècle qu'agitaient des frissons nationa-
listes et qui verrait un renouveau de l'apostolat re-
ligieux, il s'affirmait un précurseur, ayant du
reste « remis à sa place » cette religion russe de la
pitié (1), que Melchior de Vogüé lançait en 1886,
grâce à une réaction incertaine contre le naturalisme et les souvenirs sanglants. Il marquait une

____

1. Maurras, *Op. cit.*

méfiance envers le faux idéalisme, qu'ont repris depuis lors quelques disciples de Bergson, et dans l' « Union Tolstoï » il a définitivement analysé ses conséquences douloureuses.

Mais il touche ici à toute la question de l'organisation de la société.

CHAPITRE IV

LA CONCEPTION SOCIALE

Paul Bourget a été amené très tôt à concevoir les rapports des âmes et la vie humaine en général sous l'angle social. On galvaude aujourd'hui ce terme jusque dans les plus petits efforts d'altruisme et de charité, mais il garde ici la signification première que lui donnait la *Genèse* et que Bourget reçut de sa soumission au fait. Car, « bien loin d'être opposé à l'Idéalisme, le Réalisme en est la condition essentielle (1). » Les hommes forment une société régie par des lois.

Cette conception est au fond de ses jugements sur plusieurs de ses maîtres, et à propos de Bouvard et Pécuchet, ces dissociés, il parle des « ravages accomplis par la science sur deux têtes que rien n'a *préparées* à recevoir la douche formidable de toutes les idées nouvelles (2). » N'est-ce point sur une terre à la fois classique et religieuse qu'il perçoit « l'acceptation et le renoncement (3) »? Les pre-

1. Préface de *Sous la hache*, de Louis Ducrocq (Arras).
2. *Essais. I. Gustave Flaubert*, p. 151.
3. *Sensations d'Italie. Assise*, p. 112.

miers romans et nouvelles nous ont montré des individus victimes des atteintes qu'ils portent à la famille : Jacques Termonde, Robert Greslou (1), Francis Nayrac, indigne de la « terre promise ». Mais ceux-ci apparaissaient eux-mêmes des produits de la désorganisation sociale, comme, à des titres divers, Armand de Querne, Alba Steno (2), et ces êtres que caractérisent les rubriques de *Mensonges* ou du *Luxe des autres*. L'homme tel qu'il est : d'autant plus que la société le présente plus libéré en apparence. Or, nous le vîmes ainsi subir sans défense chaque réaction. Maintenant le voyageur perspicace d'*Outre-Mer* pose directement le problème qui s'affirmait. Il suit en cela précisément l'évolution des mœurs, plus réalistes dans ces premières années du vingtième siècle, plus disposées à accepter l'ordre de la société qu'à subir les sursauts de son anarchie. Ici nous retrouvons une expression de l'art de Bourget : « Il y a de vastes causes sociales derrière les plus simples destinées privées... Condamnons la littérature à thèse, genre essentiellement faux; distinguons-en la littérature à idées, genre légitime, genre nécessaire. Si nos romans et nos drames n'y aboutissaient pas, nous ne serions que des amuseurs (3). » Ils y aboutissent. La définition de Bonald que « la société est la nature de l'homme » va porter toutes ses conséquences.

---

1. *André Cornélis, Le Disciple.* — Sous une forme un peu différente, c'est encore l'idée de responsabilité sociale qui apparaît dans l'*Irréparable.*
2. *Un Crime d'amour, Cosmopolis.*
3. *Un dramaturge et un historien. Op. cit.*, p. 167.

Ces sensibilités livrées à elles-mêmes appelaient des institutions. Et tandis que Jean Monneron se réfugie enfin dans la sécurité de la famille chrétienne, sa sœur éprouve « le désaccord entre sa sensibilité et son milieu ». C'est « au foyer des affections les plus réelles », dans la famille, que Guizot prenait une part de son courage à vivre. D'où vient l'avortement de tant de volontés éclatantes surgies de la Révolution, sinon de ce qu'elles furent « mal réglées » ? « Nous sommes dans un' âge d'individualisme effréné, et cet âge ne produit plus d'individus... Il nous est relativement aisé de discerner cela aujourd'hui (1). » L'idéalisme le plus pur, la faculté de l'au delà elle-même, « faute d'une vie et d'un fonctionnement normal, se dépense en d'étranges excès (2). » Ces mots écrits en 1883 marquent la possibilité du modernisme et des égarements des « chrétiens sociaux ». Ainsi la sûreté de la foi exige l'Église et un certain ordre dans les relations entre les cœurs.

Or, si les individus prennent à l'organisation de la société un appui immédiat et en quelque sorte extérieur, ils retirent d'elle plus encore la substance de leur formation. Car le « *moi* n'a pas surgi tout d'un coup hors de l'espace et du temps (3). » Pourtant le moindre bourgeois d'aujourd'hui est semblable aux poètes, ses contemporains, chez qui la spontanéité irraisonnée devient « une exception de

1. *Études.* III, p. 35.
2. *Essais.* II, p. 37.
3. *Dialectique de M. Maurice Barrès. Op. cit.*, p. 190.

plus en plus rare (1). » Bourget a précisé la solution à propos de Balzac : « Observez que Balzac, devançant sur ce point avec une perspicacité singulière la psychologie de son temps, distingue nettement dans l'homme le conscient et l'inconscient, comme nous dirions dans le langage d'aujourd'hui. Cette expression qui dut paraître si étrange aux esprits d'alors : *une pensée préparée*, signifie que la vie inconsciente précède chez nous la vie consciente... Mais qu'est-ce qu'une volonté antérieure à la pensée, sinon une vie inconsciente de l'âme, et qui doit bien être un objet de préparation, qui le restera toujours jusqu'à un certain point?... En outre, si la volonté précise la pensée, elle la dépasse aussi, et c'est l'intuition, sorte d'inconscience d'un autre degré... Si l'on a une fois compris cette analyse de l'âme humaine, on ne s'étonnera plus que Balzac défende l'Église, et cela pour des raisons qui ressemblent d'une manière frappante à celles qui constituent l'apologétique des plus récents d'entre les philosophes catholiques : le cardinal Newman entre autres et M. Ollé-Laprune. Il est très évident, en effet, que si la volonté précède la pensée, il est nécessaire de régler cette volonté avant qu'elle ne soit arrivée à la conscience. Par conséquent une discipline traditionnelle est indispensable à l'éducation (2). » Une fois faites quelques précisions de vocabulaire, la doctrine de l'organisation *continuée* reçoit ici une justification es-

1. *Essais.* II, p. 107.
2. *Études.* III. *La politique de Balzac*, p. 56.

sentielle. Il ne s'agira point d'enracinement plus ou moins déterministe, mais d'une constitution de la société d'après les lois posées par la nature de l'homme et des choses. Il faut régler la volonté conformément aux inductions de la pensée bien informée. La morale est réaliste, et non fondée sur un *a priori* de Kant ou du philosophe Adrien Sixte.

Ainsi « la famille est le commencement et le terme de la Société. Elle en est le commencement, car les rapports de père, de mère et d'enfant sont primordiaux. C'est la cellule irréductible et qui ne peut se ramener à un élément plus simple. Elle en est le terme, car suivant que le corps social est sain ou malade, cette cellule familiale est elle-même saine ou malade, en sorte qu'elle est tout ensemble, cause ei effet (1). » C'est la leçon de Bonald. — Et remarquons que, dans ses drames de *famille* les plus récents, où d'ailleurs éclate un conflit entre deux générations, les héros de Bourget gardent, sous une forme plus virile, l'âpreté de leurs prédécesseurs plus individualistes, en raison de l'amertume du devoir et des difficultés du retour à la vie de l'ordre. — L'institution primordiale devra donc observer certaines conditions constitutives. « Selon qu'on pense, avec Bonald, Balzac, Auguste Comte, que l'unité sociale est la famille, et non l'individu, ou bien le contraire, on est adversaire ou partisan du divorce... La France révolutionnaire est acculée à ce dilemme : ou revenir au mariage traditionnel et indissoluble, ou aller

---

1. *Le réalisme de Bonald. Op. cit.,* p. 37.

jusqu'à l'union libre... Il suffit de comparer ces deux conceptions du mariage pour juger de quel côté est le progrès. Ici deux êtres s'engageant l'un à l'autre pour toujours..., les enfants assurés d'avoir une maison paternelle au vrai sens du mot, la fondation de la famille durable considérée comme l'Idéal dont s'ennoblit l'ardeur pasagère de l'amour..., — là, au contraire, une association de hasard assimilée à un contrat de louage (1). » Que dit le Père Euvrard à Mme Darras? (La pièce est préférable ici au roman à cause de la vérité de la réaction dramatique.) La loi humaine est la loi dure et inique : « Oui, dure, car sous son apparente bonté, elle sacrifie la famille, c'est-à-dire la société entière, à l'individu; inique, car elle lui donne un faux bonheur que, tôt ou tard, il devra cruellement expier... (2) »

Avec l'indissolubilité, la continuité fait le deuxième caractère essentiel de la famille. Il faut entendre qu'il ne doit pas y avoir rupture de la tradition propre à tel groupe familial. Dans le cas contraire la continuité peut être physiologique, elle n'est pas sociale. Bourget a eu raison de noter les phénomènes d'hérédité et de race, dont sa terminologie cependant a quelquefois abusé. Mais il est disculpé du reproche de déterminisme biologique pour avoir montré que l'identité de la famille dans le temps exigeait surtout la transmission régulière d'un dépôt intellectuel et moral. Délaisser ce dépôt

---

1. *Un divorce* (pièce). Avertissement, p. v, xv, xvii.
2. *Ibid.*, acte I, scène XI.

pour une acquisition inconnue, c'est méconnaître
la maxime de la fable et le conseil de Candide,
vieille tradition du bon sens français. L'auteur du
Disciple et de *l'Étape* soulève tout le problème de
l'éducation. « L'éducation de l'enfant sera d'autant
plus utile au pays qu'elle sera plus utile à la
famille. Il s'agit donc, non pas de détacher cet
enfant de son milieu natal, mais au contraire de le
développer dans ce milieu et pour ce milieu... La
pensée vécue, *agie*, si l'on peut ainsi dire, a des
richesses qu'est bien loin d'égaler toujours la pensée simplement pensée. Qui n'a connu, en province
en particulier, de soi-disant illettrés dont l'intelligence, développée à même la réalité, représentait
une valeur humaine d'une force et surtout d'une
originalité incomparable ?... « Il s'agit de faire des
conscients », disent les uns. Comprenez bien qu'il
s'agit ici non pas de la conscience morale, mais de
la conscience sans épithète au sens métaphysique
de ce mot (1). » On doit encore citer les définitions
de cette doctrine concluante. « Dans les familles
grandies, comme celle des Monneron, au rebours
des lois fondamentales des sociétés saines, il se
rencontre sans cesse un phénomène plus tragique
peut-être, bien qu'uniquement moral, que les catas-
trophes terribles... la solitude absolue où se trouvent les membres de ces groupements mal unifiés,
dans des heures de crise, alors même qu'ils tra-
versent des épreuves analogues, sinon identiques...
Il leur manque cette pénétration si totale qu'elle

____

1. *Études*. III. *Le péril primaire*, p. 129, 133, 134.

en est inconsciente, privilège inné des demeures traditionnelles où chaque génération n'est réellement qu'une minute d'une même race, l'épisode d'une même histoire... La continuité est la naturelle condition de ces familles fortes et lentes, au lieu que dans les autres, les efforts personnels se juxtaposent, *ils ne s'additionnent pas* (1). » Bourget a illustré ces idées positives par l'exemple des formations différentes de Jules Vallès et de Taine, et par les images saisissantes d'*Un Divorce* et du *Tribun*, où les attitudes des parents ont leur répercussion dans l'œuvre vivante de leurs fils.

La formule « *penser métier* au lieu de *penser idées* (2) » souligne toute la conception sociale de la vie humaine. Cette analyse définitive des conditions primordiales de la famille constitue un traité de l'erreur commise par la Révolution et qui intéresse la société entière. Tous les maîtres de la contre-révolution, tels que Bonald, Balzac, Comte, Le Play, ont établi l'impuissance générale de la démocratie. Bourget a su, l'un des premiers, en appeler du doute de ses inspirateurs du second Empire aux affirmations de ces hommes qui eurent au début du siècle « ce fier courage d'avoir raison quasiment seul ». Ils trouvaient dans les conditions de la famille les conditions mêmes de la société, signalant que l'erreur de tous les révolutionnaires, « jacobinisme de la première époque ou socialisme

____

1. *L'Étape*, x, p. 331. — Ce « traité de l'Erreur française » a paru en 1902.

2. *Études*. III. p. 133.

d'aujourd'hui », est de vouloir *recommencer,* refaire cette société. « La sûreté d'une nation n'est pas autre chose que la sécurité garantie au développement des familles (1). » La « niaise » *Déclaration des droits de l'Homme,* qui commande toutes les possibilités modernes de l'activité sociale, se ramène précisément à une conception antifamiliale de l'individu. De là pour ceux qui ont cru que « la Démocratie allait de pair avec la Science », une impuissance à organiser la démocratie. « La patrie, ce n'est pas la moitié plus un des Français vivants, *la loi,* ce n'est pas ce que décrète la moitié plus un des représentants de cette moitié plus un. » Ainsi parle l' « Emigré », qui connaît par expérience la force des traditions (2). Du reste, Bourget, à l'encontre de Tocqueville, observait, en 1902, dans les nations d'aujourd'hui, l'impossibilité de la démocratie à se réaliser, au milieu même de son désordre; et il a noté, avec Jacques Bainville, la conception aristocratique du travail qui tend à se dégager du mouvement syndicaliste (3).

L'organisation de la société sort tout naturellement de cette doctrine où, comme chez Bonald et chez Taine, 93 et 89 sont « identifiés ». Nous la comprenons aux leçons que nous donne par exemple la maison de Gœthe. C'est la décentralisation, qui permet à l'homme « d'être situé dans un

______

1. *Etudes* III, p. 85.
2. P. 241.
3. *Etudes.* III. Voir *Le Mirage démocratique. — Nécessité des classes,* p. 147.

milieu local et borné comme lui, où son action quotidienne soit efficace, où sa responsabilité soit contrôlée sans cesse par des effets immédiatement saisissables », d'autant que « l'expérience des siècles le démontre — l'autonomie donnée à ces petites patries, bien loin de nuire à la grande, la nourrit, l'affranchit, l'enrichit (1). » D'où la nécessité d'une *représentation* réelle dans les conseils du gouvernement, que Balzac, à qui il faut revenir souvent comme précurseur, avait indiquée. Mais là se pose la question capitale de notre époque, la question ouvrière. Bourget, trop sensible aux mouvements sociaux actuels, qu'il avait même pressentis, n'a eu garde de l'éviter. Déjà, dans *l'Union Tolstoï*, ce peintre d'un monde élégant avait analysé l'âme du peuple avec une acuité qui fit crier de colère les anarchistes des Universités Populaires. L'expérience vécue par les faubourgs de Paris, qu'il transposait en littérature, affirmait les chimères néfastes de l'égalité et les réactions violentes de l'âme prolétarienne. *La Barricade* nous a présenté le conflit lui-même. L'intérêt de ce drame est d'exposer la guerre des classes, et de montrer, en commentaire à une pensée de Georges Sorel, que le bienfait de la force ouvrière serait d'amener le perfectionnement de la force patronale (2). Mais le plan réduit sur lequel est posé le problème et un parti pris excessif d'indifférence attristée ne permettent qu'une solution

____

1. *Décentralisation. Op. cit.*, p. 174.
2. *La défense sociale. — A propos de « la Barricade ».*

incomplète. « Le spectacle des groupes antagonistes, a écrit Maurras, aurait pu éveiller chez Paul Bourget la pensée ou la réminiscence, le regret ou l'espoir d'associations du même ordre, construites en vue de la paix (1). » Ici apparaît mieux qu'ailleurs un caractère spécial de l'esprit de Bourget, que nous devrons soumettre à la critique. D'autre part *la Barricade* garde l'avantage d'avoir précisé la nécessité d'une réaction contre les folies désorganisatrices commises au nom de l'amour suivant la formule de Tolstoï ou du *Sillon*.

De telles formules, qui veulent réconcilier le Catholicisme, la Science et la Démocratie, « comme si les deux derniers termes étaient d'un côté, le premier de l'autre », font ressortir au contraire les vertus sociales du catholicisme qu'implique la sociologie d'un Bourget. « Oui ou non, est-ce un fait que le Christianisme a maintenu, dix-huit siècles durant, les sociétés dans un état de vitalité profonde? (2) » Le père spirituel de Jean Monneron transcrit le mot de Balzac : « *Il faut défendre l'Église* ». N'a-t-il pas composé un éloge magnifique de Pie X sous l'épigraphe d'Isaïe : « *Custos, quid de nocte? (3)* »

Nous atteignons maintenant l'essence du traditionalisme dans cette œuvre. Il n'y peut être question, malgré quelques exagérations d'attitude, de naturalisme fataliste, car l'intelligence, à la suite

---

1. *L'Action Française*, 5 mars 1910.
2. *L'Étape*, xi, p. 390, 396.
3. *L'Écho de Paris*, 24 juillet 1908.

des « plus fortes têtes du dix-neuvième siècle ». choisit les traditions d'après leurs motifs et leurs résultats. Bourget mentionne quelque part le vieil adage... « Obéir à la nature pour lui *commander* ». Il ne s'agit point d'accumuler les matériaux à la manière d'un scientisme absolu; non les faits, mais « *des* faits », selon le mot de Maurras, en ce sens que « tout fait n'est pas un bienfait ». D'autre part l'histoire est une indicatrice sûre. Car si rien dans le monde ne se reproduit exactement de la même façon, la vie des nations comme celle des individus réalise du moins un ensemble de « recommencements » : la nature de l'homme change-t-elle? Bourget, qui l'a beaucoup observée, loue telle pensée humaniste et chrétienne d'un des maîtres de la science sociale : « En morale toute doctrine moderne et qui n'est pas aussi ancienne que l'homme est une erreur (1), » C'est le plus profond traditionalisme. En outre, dans chaque groupe humain formé par l'histoire, « les morts ont une hypothèque imprescriptible sur la propriété des vivants (2). » « Je ne peux pas vivre sans mes morts », répond Jean Monneron à l'idéalisme sémite de Crémieu-Dax. La *durée*, voilà le trait essentiel dont il faut rendre gloire à l'Angleterre (3) et à tous les peuples qui sont demeurés grands. Ainsi Bourget a défini magnifiquement l'*Idée française* (4) conti-

1. *Un divorce.* Avertissement, p. xxiv.
2. *Études.* III. *Les deux Taine*, p. 96.
3. *Études et Portraits. Le Jubilé de la Reine. In Œuvres complètes.*
4. *Coup d'œil sur l'histoire de France. Op. cit.*

nuée au long des siècles : catholicisme, monarchie. Une telle pénétration de vue des idées directrices de notre histoire anéantit les rêveries d'un Michelet ou la documentation de Sorbonne. Il y a la famille, il y a la patrie, *terra patrum*, il y a notre Église. « Nous sommes appelés à les continuer (1). »

L'auteur de ce même *Divorce*, où est défendue la tradition familiale et combattue l'illusion démocratique de la responsabilité en morale indépendante, fait dire au Père Euvrard : « Quand on hésite entre plusieurs devoirs, il y a une règle qui ne trompe pas: choisir celui où on se sacrifie le plus. » Tout le sens idéalement humain de cette conception sociale de la vie en est éclairé.

---

1. Conférence au Cercle du Luxembourg sur *la Tradition* (1908).

CHAPITRE V

CONCLUSION POLITIQUE

Les conditions de l'ordre, et de l'ordre français en particulier, une fois établies, une question pourtant demeure de savoir quelles possibilités de réalisation apportent les sensibilités du temps présent. Or, l'œuvre de Bourget garde sur ce point des vestiges de pessimisme. Non certes pessimisme d'école, mais plutôt impressions de découragement localisées à tel ou tel détour de la doctrine. « Ces conditions ne seront jamais réalisées, » écrivait en 1883 l'analyste de Dumas fils. Cet accent vaguement fataliste, qui lui faisait peindre avec une couleur de désespérance les générations modernes, contemporaines du vain effort de Stendhal (1), a laissé un doute.

Non seulement en effet les premiers romans mêlent à de sincères aspirations la détresse caractéristique de leur époque, mais une angoisse significative étreint encore tels ou tels personnages de *l'Émigré*, d'*Un Divorce*, du *Tribun*. Serait-il donc toujours vrai que la civilisation, « en compliquant

---

1. *Essais. I. Stendhal*, p. 286.

aussi nos âmes, nous rend inhabiles au bonheur » ?. *L'Émigré, la Barricade*, qui tendent à présenter le plus objectivement possible des situations de fait, offrent des conclusions où telle proposition de solution sociale laisse entrevoir une certaine impuissance de la société actuelle à la réaliser. C'est la « tristesse de l'esprit » dont parlait Maurras à leur propos (1). On retrouve dans « cette désespérance » le souvenir de la génération contemporaine de Bourget, les traces d'une conception rigide de la science, l'amertume des échecs subis : boulangisme, affaire Dreyfus, nationalisme. Pourtant, s'il est certain qu'elle exagère, du moins ne provient-elle pas d'un système d'acceptation déterministe tel que peut apparaître celui de Barrès. D'autre part elle sert à préciser la vision des circonstances présentes.

D'abord quelque mélancolie s'attache à l'observation du cœur de l'homme : n'est-ce pas la contradiction éternelle de la nature humaine qui, sous la peinture des excès modernes, est au fond des *Essais de psychologie?* Et le goût de l'ordre, en soi, ne va pas lui-même sans souffrance. Mais en outre ce début du vingtième siècle garde quelque chose du « mal » qui tourmentait son devancier : âpreté d'un Forain, d'un Hervieu, que Bourget retrouvait chez Maurice Donnay. Sans doute la doctrine de salut public, à l'élaboration de laquelle le maître de *l'Étape* a tant contribué, est maintenant parfaite. Mais il faut refaire la sensibilité, la spontanéité,les

____

1. *Op. cit.*

âmes. Et cette œuvre n'est pas achevée. Il y a chez les jeunes hommes d'aujourd'hui une certitude intellectuelle qui conduit leur retour confiant et passionné à l'ordre, à l'idéalisme, à la simplicité de la vie. Mais sont-ils assurés d'y combler le vide de leur âme dispersée par toutes les folies d'un siècle? Il leur faut l'amitié et la joie pour y être naturels et vrais. La guérison des âmes est longue. Bourget a justifié en partie la tristesse de ses derniers livres, en analysant précisément, chez quelques personnages de *l'Envers du Décor* (1), le cas de cette jeunesse contemporaine qui s'efforce, encore frémissante, de rétablir l'ordre dans la société et dans son cœur. Cet ordre, qui doit la régénérer, trouvera-t-elle dans sa seule volonté la force de le réaliser? Cercle vicieux peut-être? Ici apparaît, avec la légitimité du point de vue intellectualiste et social, l'urgence du problème politique.

La condition essentielle des institutions, c'est la monarchie. Des vestiges de pessimisme ajoutent un argument immédiat à la démonstration permanente de la nécessité d'une fonction d'État indépendante et transmissible. Bourget montre d'abord le Roi comme le couronnement naturel de la société. Une conception sociale régulière ne peut l'éviter. Tout le chapitre précédent appelle un seul mot pour le compléter. « Le Roi, tel est en effet le terme dernier auquel cette sociologie aboutit inévitablement. Cette hiérarchie des familles, mouvante et souple, a be-

---

1. Ainsi Eugène Montrieux dans *Les Morcau-Janville*, p. 113.

soin d'être maintenue dans l'ordre par une famille supérieure qui soit la représentation durable de cette loi de continuité, partout à l'œuvre dans une telle conception sociale... La famille royale... seule, pourrait rétablir un ordre stable par sa seule présence, dans notre anarchie actuelle, en nous donnant *ce point au-dessus de toute discussion*, sans lequel un pays se déchire indéfiniment lui-même. » D'autre part, dit encore Bourget, « on peut... démontrer que la monarchie était gangrenée d'abus. Un fait est là indiscutable : l'excellence de cette monarchie à fabriquer des personnalités fortes (1).» D'ailleurs si le monarchisme de Bourget, comme celui de Balzac, « est né d'une vision réaliste de la nature sociale », il appartient en outre à la tradition fondamentale de la France. C'est la leçon de l'histoire, disions-nous. « La France est née, elle a vécu catholique et *monarchique*. Sa croissance et sa prospérité ont été en raison directe de son attachement à son Église et à son Roi (2). » Déjà, en 1888, la *Physiologie* faisait une profession de foi analogue, et dès l'ouverture par Maurras en 1900 de *l'Enquête sur la Monarchie*, l'auteur d'*Outre-Mer* écrivait le premier une lettre décisive : « *La solution monarchiste est la seule qui soit conforme aux enseignements les plus récents de la Science*. Il est bien remarquable en effet que toutes les hypothèses sur lesquelles s'est faite la Révolution se trouvent

1. *Études*. III. *La politique de Balzac*, p. 79. — *Le réalisme de Bonald*, p. 35.
2. *Coup d'œil sur l'histoire de France. Op. cit.*, p. 15.

absolument contraires aux conditions que notre
philosophie de la nature, appuyée sur l'expérience,
nous indique aujourd'hui comme les lois les plus
problables de la santé politique... Nous voyons
grandir autour de nous une génération instruite par
l'histoire et qui va cherchant la vitalité nationale
où elle est, dans la *plus profonde France*. Cette génération doit nécessairement aboutir à ce que vous
avez appelé, d'un terme si juste, le nationalisme
intégral, c'est-à-dire la Monarchie... (1) » Hors son
vocabulaire organiciste, tous les éléments de cette
lettre contribuent à prouver que *la Monarchie traditionnelle, héréditaire, anti-parlementaire et décen-
tralisée est de salut public* (2). Du reste le psychologue rejoignait le fidèle de la science historique et
le sociologue. Au contact de la vie il avait appro-
fondi la notion de l'autorité : « Ce général était un
chef, et, voyez-vous, dans la guerre, comme dans la
politique, tout est là (3). » Grand admirateur du
comte de Chambord, qui avait maintenu « un prin-
cipe, » Bourget défend la doctrine politique traditionnelle, ainsi que l'a souligné Mgr le duc d'Or-
léans lui-même par la lettre que lui inspira *l'Étape.*
Cette doctrine, la voici résumée dans ces quelques
mots : « Nous croyons qu'une réconciliation du
pays avec la race royale consubstantielle à ses dix

1. *Enquête sur la Monarchie*, p. 111-120.
2. Voir aussi la réponse que Bourget fit en 1908 à une
enquête sur la *Crise du Parlementarisme*, réponse qui fut
très remarquée des milieux politiques. *Pages de Critique et
de Doctrine*, II.
3. *Trois récits de guerre. Un chef*, p. 328.

siècles d'histoire est une des conditions nécessaires
de ce programme (social) dont je viens d'esquisser
quelques grandes lignes (1). »

Mais les difficultés morales et sociales de l'heure
présente ne permettent pas d'attendre la restauration monarchique d'une paisible évolution des
mœurs. Il faut créer, même par un coup de force,
la condition des institutions indispensables. Or il
est très significatif qu'un homme de doctrine, qui
n'était pas né, comme les écrivains de l'Action française, de la violence des passions politiques et da-
tait d'une époque d'indécision, ait pu admettre de
telles conclusions. Dans une étude consacrée à
l'*Anthinea* de celui qu'il a appelé depuis « notre
admirable Maurras » et dont il a senti l'influence,
Bourget écrivait : « Leur rôle (des royalistes) est de
préparer, suivant la formule de M. Maurras lui-
même, une doctrine à Monk, au réprimeur nécessaire que l'anarchie fait toujours sortir de son in-
supportable chaos (2). » « Il y a beaucoup de chan-
ces, a-t-il dit encore, pour que ce maître à qui les
événements donneront la France à refaire, ne soit
ni Cromwell, ni *Bonaparte*, et qu'il s'appelle Monk,
Pavia — ou Canovas (3). » Devant un auditoire
d'Action française, il glorifie et légitime l'action :

---

1. *Etudes*. III. *L'ascension sociale*, p. 152.

2. Article de *La Gazette de France*, reproduit par *La
Revue Critique des idées et des livres* du 10 mai 1911. —
Il importe de rappeler ici que Bourget dédiait à Maurras
en 1912 la solide Préface du *Tribun*.

3. *L'ascension sociale. Op. cit.*, p. 153.

« Jamais je n'ai senti plus vivement le prix de cet honneur qu'aujourd'hui au terme d'une année où cette admirable ligue a vraiment réprésenté sur tous les terrains, et dans tous les sens du mot, la conscience nationale... Cet Institut nous fait assister à un phénomène bien original, celui de la plus haute intellectualité transformée sans cesse en actes efficaces, si bien que les héroïques compagnons qui se sont plébéiennement et superbement appelés les « Camelots du Roi » ne sont à un moment donné que la mise en œuvre de la pensée d'un des professeurs d'une de ces chaires (1). » Toute sa méthode de politique dynamique est dans cette affirmation : « Les médecins sociaux, ce sont ou ce devraient être les législateurs et les hommes d'État. Aussi les monarchistes et *l'Action française* ont-ils raison lorsqu'ils disent : politique d'abord (2). »

D'ailleurs en dépit de cette tristesse que nous analysions, Bourget garde sa confiance dans les réalités françaises : « La maladie de la France issue de la Révolution n'est pas dans les faits, elle n'est pas dans les hommes. Elle est dans le manque de principes ou dans des principes faux, ce qui est pire. Je ne la méconnais pas, cette France (3). » Et Bourget s'est jeté dans la lutte politique, comme tant d'autres, comme Barrès ou Lemaître, comme Dru-

---

1. Discours pour la séance de clôture de l'Institut d'Action française. *L'Action française*, 18 juin 1909.

2. *A propos de « la Barricade ». Op. cit.*

3. *L'Émigré*, p. 83.

mont dont il n'a certes pas le pessimisme. « Nous n'avons pas assez défendu nos Princes » : cette parole, que des royalistes ne devraient cesser de redire, formule l'ardeur intelligente de son loyalisme.

« Nous croyons qu'en redressant sa mentalité, on accomplirait la seule besogne qui eût quelque chance d'être efficace... (1) » Ainsi Bourget a cru au bienfait de la propagande de la vérité. Car non seulement « la vérité n'a jamais fait de mal aux âmes », mais « les défenseurs de la vérité ne sont pas des vaincus (2). » Du reste il renouvelle la pensée du Taciturne : « Il n'est pas nécessaire d'espérer pour entreprendre ni de réussir pour préciser. » Eloigné de tout pragmatisme, il ne subordonne pas *a priori* la vérité au succès, lui attribuant une valeur propre. C'est la plus noble, mais aussi la plus sûre des attitudes intellectuelles.

Paul Bourget se sera affirmé essentiellement un penseur. Il importe peu qu'il ait été séduit par les similitudes biologiques ou qu'il ait peint avec quelque soin les élégances mondaines, si l'ensemble de son œuvre établit une doctrine nécessaire. Il a toujours devancé son temps, non sans observer exactement, pour le diriger, les mœurs du moment. Il relie l'inquiétude des écrivains du milieu du siècle dernier à la sécurité intellectuelle d'un Maurras. « J'oserai dire, écrit-il lui-même, qu'aujourd'hui, après quarante ans, la vérité nationale est plus

____

1. *Etudes* III, p. 167.
2. Conférence sur *la Tradition. Op. cit.*

évidente aux nouveaux venus et qui n'étaient pas nés à l'époque de Sedan, qu'à ceux qui vécurent ces cruelles heures (1). » Il demeurera ainsi un précurseur et un maître. L'histoire même de sa pensée fixe une démonstration de la vérité. Catholique, monarchiste, il a atteint le stade dernier qu'il avait pressenti dès l'origine. Son nom est celui d'un grand homme de lettres. Il n'est pas d'éloge, a-t-il dit, qu'il voulût davantage obtenir et mériter.

Janvier 1913.

---

1. *L'Œuvre d'Eugène-Melchior de Vogüé. Pages de Critique et de Doctrine.* II, p. 306.

TABLE DES MATIÈRES

IMPRIMÉ PAR DESCLÉE, DE BROUWER ET Cᵒ
41, RUE DU METZ. LILLE. — 9.611

www.ingramcontent.com/pod-product-compliance
Lightning Source LLC
Chambersburg PA
CBHW051233030726
47595CB00003B/889